Youtube Video: Emotionen kontrollieren, Hubertus Ihn

Trauer und Depression Bd 2

1. Der praktische Umgang mit Trauer und Depression, Fälle

2. Was bei Traurigen und Depressiven zu vermeiden ist. Fehler!

3. Was sollten Depressive und Traurige tun? Positive Verhaltensweisen!

4. Exkurs Freude

5. Exkurs Wut

6. Erkennen und Begreifen von Gefühlen

7. Gelassenheit

Psychische Gesundheit des Glücks

Bücher - und E-Bookliste, Hubertus Ihn, unter Amazon, Kindle zu finden

Youtube Video: Emotionen kontrollieren, Hubertus Ihn

Der praktische Umgang mit Trauer und Depression

Trauer bezeichnet einen Gefühlszustand, der durch einen Verlust gekennzeichnet ist. Verliert man einen Menschen, ein Tier oder etwas, was einem wichtig ist, so reagiert der Mensch in der Regel mit Trauer. Verliert der Mensch etwas von sich selbst oder hat er das Gefühl eines ungelebten Lebens, so kann das gleichfalls Trauer auslösen.

Wird der Trauer nachgegeben, so stellt sich nach einiger Zeit häufig die Depression ein. Die Depression (Niedergeschlagenheit) ist meistens dauerhaft oder nimmt große Zeiträume ein. Die Trauer verfestigt sich, ergreift den Körper und den Geist (Gedanken) und wird so zur Charaktereigenschaft.

Der Gegensatz zur Trauer als reines Gefühl, ist die Freude. Einerseits ist der Mensch genötigt der Trauer nachzugeben, ihr Raum und Zeit zu verschaffen andererseits sollte er die Zeit der Trauer beschränken (Siehe dazu: Trauer Bd. 1).

Die Traueranlässe sollten nicht dauernd in Erinnerung gerufen werden und wenn sie änderbar sind, durch ein verändertes Verhalten, beseitigt werden (Siehe dazu: Trauer Bd. 1).

Die körperliche, gedankliche und selbstverständlich auch die gefühlsmäßige Hinwendung zur Freude und Lust, sowie eine Zukunftsorientierung vermindert das Erfassen des Menschen durch die Trauer.

Dieses Verhalten, der Hinwendung zum Positiven, ist gut in unseren westlichen Gesellschaften zu beobachten. Eine eher ernste, durch zu viel Arbeit und Leistung gekennzeichnete, melancholische, zwanghafte und tendenziell depressive Normalgesellschaft (ca. 80 %), arrangiert sich mit dem Zustand wie folgt:

Diskotheken/ Musik/Comedie und Kabarett

Fußball und Sportveranstaltungen zum gemeinsam Ausleben von Gefühlen

Sport um die Glückshormone zu produzieren und den Körper zu stählen

Wichtig:
Das Ausdrücken der Gefühle, der aufkommenden Wut sowie neuen Mut zu schöpfen, wirkt ebenso wie die Freude, der Trauer entgegen.

Zusammengefasst heißt das:

Trauer benötigt Zeit, dennoch sollen die Trauerphasen zeitlich begrenzt werden.

Das Entgegensetzen der Gefühle der Freude, der Wut und des Mutes sind gleichfalls von hoher Bedeutung, um mit der Trauer fertig zu werden und eine Depression zu vermeiden oder verlassen zu können.

Außerhalb der Trauerphasen ist es außerdem notwendig, sich mit tendenziell sachlichen und dem Menschen Freude bereitenden Themen auseinander zu setzen bzw. zusammenzusetzen.

Über die Trauer und Depression zu sprechen ist äußerst notwendig. Wichtig ist die zeitliche Begrenzung. Nach spätestens 1 h oder 2 h sollte die Beschäftigung mit der Trauer insbesondere ebenfalls gedanklich beendet sein.

Farben und Umgebung spielen in diesem Zusammenhang eine große Rolle. Die Farben, die der Trauer und der Depression zuzuordnen sind, haben eher dunklen Charakter, sind grau und schwarz. Verlaufende Farben wie bei Aquarellen sind zu vermeiden.

Klar abgegrenzte Farben, wie Gold, Blau, Rot, Grün und Gelb wirken eher fröhlich, freudig und vermitteln Mut. Diese Farben sind außerhalb der Trauerphasen besonders wirkungsvoll, um in positivere gefühlsmäßige Zustände zu gelangen.

Eine wohltuende, helle und anregende und der Persönlichkeit entsprechende positive Umgebung verstärkt die positiven Gefühle.

Introvertiertes Verhalten, die Konzentration auf sich selbst und seiner Innerlichkeit ist außerhalb der Trauerphasen zu vermeiden. Ein so weit wie möglich extrovertiertes, nach außen gerichtetes Verhalten ist förderlich, um der Trauer und Depression entgegenzuwirken. Äußerungen über das gute Essen, die tolle Umgebung, positive Erlebnisse und Beobachtungen bringen den Menschen auf positive Gedanken.

Trauer überwinden - mit Erfolg und Wut (extrovertiertes sich äußern) - ist besser, sie verzeihe mir den Ausdruck, als die „psychologische Sülze". Jetzt ist Schluss damit!

Kaum dreht sich der positive Psychologe, Sozialarbeiter oder

Psychiater um, suhlt sich der Depressive wieder in dem Dreck der negativen Emotionen, Gedanken und körperlichen Passivität. Der Depressive stellt Fotos und Gegenstände auf, um die Trauer zu erhalten. Das hat nichts mit Gedenken zu tun. Diese Erinnerungen nähren nur die Trauer. Das bedeutet nicht das ein Platz des Gedenkens, der getrennt vom normalen Wohnbereich ist, eingerichtet wird.

Fälle:

Simones Grundstimmung ist weder zukunfts- oder gegenwarts orientiert sondern insbesondere vergangenheitsorientiert. Ihre Gespräche drehen sich hauptsächlich um negative berufliche und familiäre Ereignisse. Selbst wenn sachliche oder positive Themen erörtert werden, ist ständig ein trauriger depressiver Unterton zu hören. In den Gesprächen geht es hauptsächlich darum was sie verloren hat. Selbst positive Erlebnisse und Gedanken sind von der Trauer begleitet. Dieses Verhalten fördert und nährt die Trauer und Depression.

Jürgen ist ständig überfordert. Immer wieder hat er mit Menschen zu tun, insbesondere mit Vorgesetzten, die ein grundsätzlich negatives Verhalten zeigen, über die er sich beklagt und die Jürgen in allen neuen Anstellungen erneut findet. Dieses Verhalten erinnert ihn unbewusst an die Vergangenheit, an seinen Vater. Der Vater hatte ihn nicht nur in seiner Jugend sondern über zehn Jahre, in denen er mit ihm zusammen arbeitete ständig kritisiert, gegängelt und unter Druck gesetzt. Diesem Druck hat Jürgen verinnerlicht. Der Druck und die negative Behandlung des Vaters begleiten ihn über weite Strecken des Tages. Die von Jürgen gewählten Arbeitsstellen sind von dem gleichen Druck gekennzeichnet. Seine Vorgesetzten haben die gleichen Eigenschaften wie sein Vater. Die von ihm gewählten persönlichen Beziehungen und Partnerschaften sind ebenfalls von großem Druck gekennzeichnet.

Zum Schluss ist die Ernährung ein wichtiger Faktor, die förderlich hinsichtlich der positiven Gefühle sein kann und der Trauer und Depression entgegen wirkt. Wohl schmeckendes, leichtes und vitaminreiches Essen wirkt dabei körperlich unterstützend. (Weiteres dazu, im nächsten Band)

Was bei Traurigen und Depressiven zu vermeiden ist. Fehler!

zeitlich lange Gespräche und Gedanken über die Trauer

negative, traurige Gespräche und Gedanken

vergangenheitsorientierte Gespräche und Gedanken

dunkle, grauer und verlaufende Farben

dunkle, leidensorientierte, in Moll gehalten Musik

sich umgeben mit negativen, traurigen und depressive Menschen, außer zur Aufarbeitung im Trauerprozess

Was sollten Depressive und Traurige tun? Positive Verhaltensweisen!

Zukunftsorientierte und gegenwartsorientierte Themen

Das Trauergefühl zeitlich begrenzen

Freudige Themen

Konstruktive Themen

Positive Themen

Sich umgeben mit freudigen, konstruktiven und positiven Menschen

Eine positive, helle und farbige Umgebung aufsuchen

Die privaten Räume hell, farbig und freundlich gestalten

Aufbauende, helle und gute Stimmung verbreitende Musik und Filme anschauen

Exkurs Freude

Epikur verbindet die Freude mit Lust. Konfuzius sieht die Freude in Verbindung mit dem Satz, „der Weg ist das Ziel". Der Buddhismus verbindet Freude mit der rechten Lebensweise, Ausgeglichenheit und Selbsterkenntnis und kennt weiterhin die Mitfreude. In diesem Zusammenhang wird auch noch das Mitleid von Nietzsche und Schopenhauer als Gegenteil genannt.

Als Gegensatz wird häufig das Leid gesehen. Meiner Meinung nach sind Leid und Lust die Gegensatzpaare. Die weiteren Gegensatzpaare sind Trauer und Freude (vergleiche Spinoza).

Die Philosophie widmet sich dem Begriff der Freude ebenso wie die Psychologie in ihren schriftlichen Erörterung nicht. Mich befriedigte die Auskunft von Wikipedia nicht. Wenn wir einmal annehmen dass das Gegenteil von Freude, die Trauer ist, so meine Überlegung, müsste man Freude näher erklären können. Die Trauer ist verbunden mit Verlust. Wenn der Mensch oder das Säugetier etwas verliert, den geliebten andern, ein Stück von sich selbst oder ein Gegenstand, so reagiert er häufig mit Trauer. Ein Verlust erzeugt also die Trauer. Kann man nun daraus ableiten, wann der Mensch oder der Hund mit Freude reagiert? Beim Hund kann man es deutlich beobachten. Der Hund freut sich, wenn er einen bekannten Menschen begegnet. Der Mensch zeigt manchmal ähnliche Verhaltensweisen.

Reagiert der Mensch also auf Verlust mit Trauer, so reagiert der

Mensch bei einem Gewinn mit Freude. Es ist erfreulich einen geliebten Menschen wieder zu sehen, zu gewinnen, etwas Neues zu erleben, in einer guten Atmosphäre sich aufzuhalten oder mittels eines Kindes sein Leben fortzuführen. Kinder, Enkel usw. bereiten den Menschen Freude. Jedes Mal wenn ich bei diesem Programm das Wort Freude diktiere, schlägt mir im weiteren das Schreibprogramm, Freudenhaus vor.

Bei meinen häufigen Besuchen auf Bali, wo ich bereits 15 mal war, stellte ich fest, dass viele Balinesen ein vorwiegend freudiges Verhalten aufweisen. An keinem Ort der Erde begegneten mir so viele lachende und sich freuende Menschen.

In fast allen anderen Teilen der Welt insbesondere in der westlichen Welt, sehe ich ernste, traurige, melancholische Gesichter und Körperhaltungen. Die Kabarett- und Comedysendungen sprechen meiner Meinung nach tendenziell die Schadenfreude an.

Bei Sportveranstaltungen begegnet man, wenn der eigene Landsmann gewinnt, der Freude.

Die Handlungen und Gespräche der Menschen der westlichen Welt sind gekennzeichnet von Ernst, Problemen und Problemlösungen. Allerdings habe ich als Unternehmensberater viele Unternehmer kennen gelernt, wo es ratsam war, dass Wort Problem nicht zu benutzen. Ein Unternehmer sagte mir sogar, Probleme gibt es nicht, es gibt nur Lösungen. Ein Lachen war bei diesem Satz auf seinem Gesicht nicht zu sehen.

Die technik- und arbeitsorientierte westliche Gesellschaft ist vielleicht auf dem falschen Weg? Verstehen Sie mich nicht falsch! Ich bin keinesfalls technikfeindlich. Die Technik bringt sicherlich dem Menschen viele Annehmlichkeiten und gerade dem deutschsprachigen Raum einen hohen materiellen Wohlstand. Aber ob sie zur Freude führt, wage ich zu bezweifeln.

Die Technik führt also zu einem Gewinn, einem materiellen Gewinn, Wohlstand. Sie werden es kaum glauben, mein Schreibprogramm bietet mir nach Wohlstand immer wieder das Wort Freude an. Seltsam! Aber die Menschen kommen mir, nicht wie die Balinesen, freudig vor.

Es mag für sie seltsam vorkommen, insbesondere kleine Kinder, Hunde und Balinesen zeigen häufig Freude. Ich erinnere mich an meine Kindheit. An die fünfziger Jahre des 20. Jahrhunderts. Mindestens zwei oder dreimal im Monat feierten meine Eltern mit vier anderen Paaren, Geburtstage und andere Anlässe. Es ging mit Waldmeister Bowle hoch her. In den sechziger Jahren des 20. Jahrhunderts war alles vorbei. Darüber habe ich mich sehr gewundert. Warum war das so? Der schreckliche Krieg war vorbei. Es geht aufwärts. Waschmaschinen, Fernseher, Autos usw. bescherten ein angenehmes Leben. In den sechziger Jahren kam nicht mehr viel hinzu. Arbeit und der Alltag beherrschten das Leben.

Es kam mit den 68 ern und der Hippie Bewegung bei der Jugend zu einem Aufstand gegen den Muff. Bei den Studenten und ihren Anhängern erfolgte ein letztes Aufbäumen der Freude. Manche von ihnen sehen das wohl anders. (Siehe dazu: Hubertus ihn, Freude in Amazon, Kindle)

Exkurs Wut

Aus dem altdeutschen könnte man die Wut mit dem Gott Wotan

zusammenbringen. Wuotan - der Wütende.

Die Wut ist verbunden mit den Gefühlen, Aggressionen, Ärger, Zorn, Brass und Rage (Furore, was soviel aus dem italienischen übersetzt bedeutet, wie rasender Beifall oder großes Aufsehen erregen).

Wut nimmt man persönliche, während sich Zorn sich über etwas entwickelt.

Ärger oder Zorn sind gedanklich verbundene Gefühle. Wut, Brass und Rage (Furore) sind reine Emotionen, die nicht mit den Gedanken verbunden sind.

In diesem Zusammenhang weise ich darauf hin, dass die reinen Emotionen, nicht oder nur wenig mit den Gedanken und dem Körper verbunden sind. Reine Emotionen, repräsentieren sich nicht in den Gedanken oder und dem Körper.

Im Zusammenhang mit der Liebe ist das am besten zu verdeutlichen. Drei Arten der Liebe sind zu unterscheiden.

Die **körperliche Liebe** oder sexuelle Liebe.

Die geistige oder platonische Liebe, die sich auf Gemeinsamkeiten der Gedanken und Interessen stützen (**Gedankliche Liebe**).

Die **reine emotionale Liebe**. Vater Liebe, Kinder Liebe, Liebe zu einem Freund, Liebe zur Welt usw.

Die **gedankliche Wut** wird als Zorn bezeichnet und sicherlich ist der Ärger ebenso gedanklicher, emotionaler Natur.

Die **körperliche Wut,** wie die körperliche Liebe, lässt sich am besten charakterisieren durch: Sie war rot vor Wut oder er war bleich vor Wut oder die kalte Wut. Ein rotes oder bleiches Gesicht kann ein Zeichen für Wut sein. Ein bleiches Gesicht kann ebenso mit dem Gefühl der Angst verbunden sein. Ein rotes Gesicht zeigt Scham oder Aufregung an. Die starken Gefühlsregungen der Wut wirken sich körperlich auf das Kreislaufsystem aus. Das Blut schießt aufgrund der Erregung in das Gesicht oder bei bleichem Gesicht, entweicht das Blut aus dem Gesicht. Eine Art Starre oder Schock lässt das Blut nicht mehr fließen.

Die körperliche Wut äußert sich häufig durch brüllen, geballte Fäuste, starke körperliche Bewegungen, schlagen und treten.

Bleibt die Wut durch Kontrolle bewusst oder unbewusst versteckt, so ist sie, nur durch eine leicht angedeutete wütende Mimik oder Körperhaltung, äußerlich wahrnehmbar oder so gut versteckt, dass die unterdrückte Wut nicht zu sehen ist. Gelingt es dem Menschen, sei es bewusst oder unbewusst, die Wut so zu unterdrücken, dass keine körperliche Reaktion sichtbar ist oder innerlich auf den Körper übergreift, so handelt es sich um die **reine Wut.**

Erkennen und Begreifen von Gefühlen

Sie beschäftigen sich mit der Psychologie? Eine kleine Geschichte zu den Wörtern der Psyche!

Die Seele. Aus dem alt germanischen abgeleitet, die aus dem

Wasser kommende.

See gleich Wasser. Le gleich kommend.

Psyche: aus dem altgriechischen abgeleitet, bedeutet, das Innere des Korns. Das woraus Baguettbrot gebacken wird.

Das Korn, das Jahre, vielleicht Jahrhunderte in der Wüste liegt, wenn Wasser drauf fällt entsteht das Leben, nämlich eine Pflanze.

Die Psychologie beschäftigt sich mit den Gefühlen. Das lateinische Wort für Gefühle lautet Emotionen.

Wir denken, dass unsere Gedanken, unsere Logik uns leitet.

Doch unterbewusst bzw. unbewusst leiten uns die Emotionen bzw. Gefühle.

Die zwölf reinen Gefühle:

Positive   -   Negative

Liebe   -   Hass

Freude   -   Trauer

Mut	-	Angst

Wohl sein,
schmerzlos - Schmerz

Gelassenheit - Wut

Lust   - Leid

(vergleiche Hubertus ihn, Theorie der Emotion, Amazon, Kindle, 2013)

Diese zwölf reinen Gefühle sowie die gemischten Gefühle, wie Ärger, Zwang, Unruhe, Depression, manische Emotionen usw. steuern unbewusst unsere Gedanken und unser Verhalten.

Wir denken wir handeln logisch, wägen Vor- und Nachteile ab.

Doch unsere Zwänge, Ängste, Hoffnungen und Triebe übernehmen das Kommando.

Gelassenheit

In der Übersicht der zwölf reinen Gefühle ist als Gegensatz der Wut, die Gelassenheit definiert. Gelassenheit wird im griechischen als Ataraxie bezeichnet, was direkt übersetzt, nicht Unruhe also Ruhe bedeutet.

Die Ruhe des Gefühls ist sein Grundzustand, demzufolge keine Gefühlsregung und damit keine Emotion aus der Ruhe heraustritt. Der Ruhezustand kann sicherlich gefühlt werden, ist dennoch keine Emotion im Sinne des Heraustretens. Nach langen Überlegungen und Diskussionen bin ich zur Überzeugung gelangt, dass die Gelassenheit nicht nur Ruhe bedeutet, sondern das „Sein Lassen", beinhaltet.

Wenn sich etwas nicht bewegt (in Ruhe ist), sich dennoch bewegt, so scheint das im ersten Moment ein Gegensatz zu sein.

Wenn das Heraustreten aus der Ruhe nicht in eine emotionale Form, ein reines Gefühl, wie Wut, Angst, Freude, Liebe, Trauer usw. gegossen wird, sondern frei durch die Gefühle schwingt also das Gefühl gelassen wird, bezüglich seiner Schwingungen, dann handelt es sich um eine Form von Gelassenheit.

Einerseits lässt sich die Gelassenheit mit dem Satz, dem kaum merklichen Lächeln des Buddha, bezeichnen andererseits ist das Schwingen des Gefühls durch Ausgelassenheit, fröhlich, lustig, beschwingt, die Stimmung schlägt hoch und mit schöpferisch bzw. kreativ zu bezeichnen.

Der Gegensatz von Wut ist sicherlich etwas fahren lassen. Sich nicht so betreffen lassen sondern munter darüber hinweggehen. Einen Wütenden wird dies häufig noch wütender machen.

Möglicherweise ihn irritieren.

Bei Kindern, die den Gefühlen in der Regel näher sind als die Erwachsenen, ist das gut zu beobachten. Von einer Wut wechselt das Kind sehr schnell in eine fröhliche, heitere oder begeisterte Stimmung. Die Wut ist blitzschnell vergessen. Das Kind ist wieder ausgelassen. Ein umgekehrtes Verhalten von der Heiterkeit in die Wut ist ebenso möglich.

Zusammenfassend ist das Gegenteil der Wut, die beschwingte, heitere und harmonische Gelassenheit.

Wenn sich dieser Zustand der beschwingten, heiteren und harmonischen Gelassenheit als Charaktereigenschaft stabilisiert, ist das als Gemütszustand zu bezeichnen. In der Kategorisierung von Kretzschmar heißt das sanguinisch. Als das Gegenteil ist die cholerische, wütende Charakterstruktur oder Gemütsverfassung zu sehen.

In diesem Zusammenhang gibt es weiterhin, die traurige, melancholische und tendenziell depressive, phlegmatische Charakterstruktur.

Phlegmatisch kann als gebremstes, cholerisch als aufbrausendes und sanguinisch, als heiter beschwingtes Gemüt angesehen werden.

Die Gelassenheit kann sich bei Erwachsenen in verschiedenen Formen äußern.

Die heitere beschwingte Gelassenheit

Die bewölkte und verdunkelte Gelassenheit (In der Musik Moll)

Die ernste Persönlichkeit, die unbewusst Gefühle versteckt (Äußerlich gelassene Persönlichkeit)

Die Persönlichkeit, die Gefühle bewusst kontrolliert und versteckt (Diplomatisches Verhalten, Coolness). Die gespielte äußerlich gelassene Persönlichkeit.

Persona aus dem lateinischen übersetzt, bedeutet Maske. Die

beiden letzten oben genannten Formen sind als maskierte Gemütszustände der Gelassenheit aufzufassen.

Es wird etwas kompliziert. Die vier Formen der Gelassenheit können alle in maskierter Form auftreten. Es gibt allerdings einen Unterschied.

Die beschwingte und bewölkte Gelassene lässt Gefühle zu. Der Mensch arbeitet mit diesem Gefühlen und zeigt diese nach außen. Dieser Prozess benötigt Energie. Das ist das Repertoire der Schauspieler.

Die bewusst oder unbewusst versteckte Gelassenheit benötigt zwar auch Energie für seine Unterdrückung. Sie ist weniger energieintensiv.

Anm.: Meiner Meinung nach ist durch die Maskierung des Gemüts, der in der Öffentlichkeit stehenden Personen und der Schauspieler, das als eine Ursache für den verstärkten Drogenkonsum dieser Gesellschaftsgruppen zu sehen.

Die ständig verfälschten Gefühlszustände und Maskierung des Gemüts treiben den Menschen aus seiner Mitte, überfordern ihn und sind mit einem hohen Energieverbrauch verbunden. Um die Mitte wiederzufinden, sich wieder schnell aufzuladen und die Maskierung aufrecht zu erhalten, werden Drogen eingenommen.

Psychische Gesundheit des Glücks

1. Glück

2. Angst

3. Liebe

4. Gefühle, Emotionen und Seele

5. Die Entwicklung der Götterwelten zum Geist und zur Seele

6. Psychische Gesundheit und Psychopathologie

Glück

Eudämonie aus der griechischen in die deutsche Sprache übersetzt, bedeutet Glück. Die Glücksforschung hat festgestellt, dass Menschen, die eher reinen Gewissens sind (tugendhaft), altruistisch (für andere etwas tun), sich in Gemeinschaften aufhalten, verheiratet und religiös sind, laut ihren eigenen Aussagen, sich glücklicher als andere sehen. Außerdem Anstrengung , Aktivität und Flow (Flow bedeutet Strömung, in Bewegung sein und eine Belohnung erfahren) zu verstärktem Glück führen. Geld und materielle Güter sowie Konsum führen nur unwesentlich oder gar nicht zu Glück.(Der Glücksfaktor, Martin Seligmann).

Die Glücksforschung mißt Glück bezüglich verschiedener Bereiche wie:

Liebe

Beruf

Finanzen

Freizeit

Freunde

Gesundheit

Produktivität

Insgesamt

(Vergleiche: Der Glücksfaktor, Martin Seligmann, Seite 142)

Der Lehrer des Yogi, Yogananda, Sri Yukiswar definierte Glück als Liebe und Freude.

Eudämonie im Deutschen als Glück bezeichnet, kann man wie folgt ableiten: Eu als Vorsilbe bedeutet, wohl, schön oder gut. Das Wort Daemon bedeutet, Mittler zwischen der höheren, unsichtbaren oder unbewussten Welt (Gott) und dem Menschen.

Wir müssen uns jetzt die Frage stellen: Was ist der Mittler oder sind die Mittler zwischen uns und der höheren, unsichtbaren und unbewussten Welt?

Nehmen wir an, es seien die Gefühle! Nehmen wir außerdem an, es seien die reinen Gefühle, die sich von den gemischten Gefühlen unterscheiden.

Reine Gefühle kann man wie folgt klassifizieren:

Positive   -   negative

Liebe   -   Hass

Freude   -   Trauer

Mut   -   Angst

Wohl sein,

schmerzlos? - Schmerz   ? Gibt es andere Begriffe?

Gelassenheit? - Wut   -   ? Gibt es andere Begriffe?

Lust ?   -   Leid ?

Gemischte Gefühle zum Unterschied zu reinen Gefühlen sind mit körperlichen Empfindungen, gedanklichen oder andern Gefühlen gemischt. Zum Beispiel Ärger, Zwang, Vergnügen usw..

Hätten wir bewussten und gedanklichen Zugang zu den reinen Gefühlen, die häufig unbewusst sind und könnten wir sie klar innerlich voneinander abgrenzen, so könnten Sie uns als Steuermann durch die Welt und unser Verhalten leiten. Die höhere Welt könnte uns durch ihre Mittler, die Gefühle anzeigen, was richtig oder falsch ist. Da wir diese Mittler bzw. diese Gefühlswelt häufig nicht gedanklich erfassen können, sind wir nicht in der Lage sie zu erkennen und zu nutzen. Häufig sind wir dieser Gefühlswelt ausgesetzt und wir werden von ihr individuell oder gesellschaftlich beherrscht. Wir können diese Gefühlswelt nur begrenzt sehen, hören, fühlen, wahrnehmen bzw. gedanklich erfassen.

Die unbewussten Gefühle treiben uns persönlich, in Gruppen und gesellschaftlich durch die Welt. Wir vertrauen unserem logischen Bewusstsein und der höheren Macht, die uns schon richtig leiten wird.

Freude, die Liebe, die Angst, die Trauer, der Mut, der Zwang usw. treiben uns an und durch die Welt. Arbeit, Leistung, Erfolg, Wachstum, Geld, technische Besessenheit, Schutz der Umwelt, Bedrohung der Lebensarten, Fortpflanzung, Belohnung usw. bilden die gedanklichen Antriebe.

Moral, Ethik und Tugend sind die Korrektive für unser egoistisches Handeln.

Angst, Schmerz oder andauernde Trauer (Depression) u.a. sind Anzeichen bzw. Warnungen der höheren Gefühlswelt, die anzeigen, dass wir etwas falsch machen. Diese Anzeichen sind häufig unserem Bewusstsein nicht zugänglich.

Die Logik dient der Feindsteuerung! Wir versuchen mit einem Instrument, das für detaillierte Betrachtungen geeignet ist, unser Leben zu steuern. Die Logik in der bisherigen Form, ist nur geeignet, enge Bereiche zum Teil, modellhaft zu erfassen.

Glück vom griechischen Wort Eudämonie abgeleitet, bedeutet: Einen guten Zugang zu dem Steuerungsinstrument Gefühl und seinen zwölf reinen Ausprägungen zu haben.

Das Gefühl(Thymus im griechischen genannt) spürt den Gefühlen insbesondere den eigenen aber auch den von außen kommenden Gefühlszuständen nach. Das Bewusstsein muss eine außerordentliche Leistung vollziehen:

Erstens, befindet sich mein Zustand im Ruhe oder ich bin von Emotionen bewegt?

Zweitens, in welchen Gefühlszustand befinde ich mich, welche Emotionen bewegen mich insbesondere, Angst, Freude, Wut, Mut, Trauer, Schmerz usw. und verhindern die Sichtweise auf andere Gefühle bzw. färben mein Blick des Bewusstseins ein.

Werfe ich einen traurigen oder freudigen Blick auf meine Umwelt. Sehe ich eher traurige oder freudige Aspekte der Umwelt. Ist mein

Blick durch Angst, Zwang und Hetze eingetrübt? Ist mein Blick durch Liebe, Hass, Annahme oder Ablehnung, positiv oder negativ eingefärbt?

Drittens, welches Gefühl ist welchem bewussten Gedanken zuzuordnen?

Viertens, das Erlernen der Sprache der Gefühle und ihre Erfahrung.

Sicherlich bedeutet das, große Mühe und ist insbesondere zeitaufwändig.

Angst

Die Angst ist in der Philosophie wenig angesprochen worden. Selbst Spinoza erwähnt sie nicht, obwohl er die Gegensatzpaare Liebe und Hass und Freude und Trauer anspricht. Kierkegaard, den einige auch als Großvater des Existenzialismus bezeichnen, hat als erster Philosoph die Angst in den Vordergrund seiner Betrachtung stellt.

Ängste haben die Menschen und die Lebewesen seit Anbeginn begleitet. Die durch Angst ausgelöste Flucht oder die durch Angst ausgelöste Aggression ist bei vielen Tieren und den Menschen zu finden und ist häufig instinktiv, intuitiv bzw. unbewusst angelegt. Angst wird gerne verdrängt. Es ist etwas bedrohliches. Lieber beschäftigt man sich gedanklich nicht damit. Das ist wohl auch der Grund warum in der Philosophie aber auch in der Literatur das Wort Angst so gut wie gar nicht gebraucht wird. Obwohl gerade in der Literatur und in den heutigen Medien viele Angst auslösende Themen, die Inhalte bestimmen.

Das Wort Angst hat eine interessante Etymologie. Es stammt aus dem indogermanischen vom Wort anghu ab, welches beengend bedeutet. Angust (altdeutsch Angst) und angustus(Lateinisch) bedeutet Beengung oder Bedrängnis. Interessant ist auch, das im griechischen die Angst als Anchos und im lateinischen als Anxietas bezeichnet wird. Im englischen wird daraus Anxiety obwohl das Wort Fear (Furcht) eher benutzt wird. Im alltäglichen Sprachgebrauch der Angelsachsen wird am häufigsten das Wort to scare oder scaring benutzt. Dieses Wort bedeutet in der deutschen Übersetzung erschreckt sein. Also als Substantiv der Schrecken. Die große Überraschung ist, dass die Angelsachsen das Wort Anxiety besitzen, das unmittelbar aus dem griechischen bzw. lateinischen abgeleitet ist. Stattdessen wird aber aus dem deutschen die German Angst übernommen. Die German Angst wird im englischen im Sinne der Existenzangst oder im Sinne von grübeln benutzt. Die zeitlich stabile Charaktereigenschaft als Eigenschaft der Persönlichkeit im Gegensatz zu kurzfristig auftretenden Ängsten wird als State-Angst und Trait-Angst bei den Angelsachsen verwendet. Es wird deutlich mit welchem Unbehagen die Kulturen, hier insbesondere die Angelsachsen mit der Bewusstwerdung der Angst umgehen.

Es seien in diesem Zusammenhang auch die buddhistischen und hinduistischen Kulturräume genannt. Hier werden insbesondere die positiven Gefühle wie Liebe und Freude in den Vordergrund gestellt. Die negativen Gefühle werden unterdrückt, nicht öffentlich gezeigt und kaschiert.

Gleiches geschieht im Christentum mit dem Neuen Testament, in dem Liebe und Freude im Vordergrund stehen aber der Hass auf die Feinde aus dem Alten Testament , wird als schlecht gebrandmarkt. Der Rache des Gottes des Alten Testamentes und die Angst vor ihm wird ersetzt durch die Liebe Jesu. Die negativen Gefühle werden schon durch die griechische Philosophie, die die Tugend und das Gute in den Vordergrund stellen, als moralisch und ethisch verwerflich aus dem Bewusstsein gelöscht. In den Vordergrund treten die positiven Gefühle, wie die Liebe, Freude, Mut, Gelassenheit, Wohlsein und Lust. Die negativen Gegensatzpaare werden aus dem Bewusstsein gelöscht. Hass, Trauer, Angst, Wut, Schmerz und Leid sollen das Bewusstsein und die Gedanken nicht stören. Das Leid nimmt bei den Christen eine besondere Funktion ein. Christus übernimmt das Leid des gläubigen Christen, zu mindestens lindert er es durch sein Leiden.

Positive und negative Gefühle werden als störend für die Bewältigung der Existenz angesehen und aus dem Bewusstsein verdrängt. Die negativen Gefühle werden aufgrund der gedanklichen Bewertung noch wesentlich weiter aus dem Bewusstsein verdrängt als die positiven Gefühle. Sie führen somit ein Schattendasein im Bewusstsein. Die negative Gefühle bilden den unbewussten Schatten, den jeder Mensch in sich trägt. Seine Existenz, sein Sein und das Verhalten werden durch diesen Schatten nachhaltig geprägt. Der Mensch ist melancholisch, traurig, depressiv, ängstlich, zwanghaft, psychotisch usw.. Diese Eigenschaften können von anderen Menschen von außen beobachtet werden. Der jeweilig mit diesen Gefühlen infizierte Mensch kann seine Zustände in der Regel nicht erkennen, sie werden ihm also nicht bewusst.

Der Schatten der negativen Gefühle beeinflusst das Handeln des Einzelnen sowie ganzer Kollektive, einerseits situationsbedingt, andererseits als tradiertes Handeln welches der Situation überhaupt nicht mehr entspricht.

Das Alte Testament, die Dramen des Sophokles, Shakespeare,

Kafka, Dostojewski, Edgar Allen Po usw. beschäftigen sich mit dem Schatten, den negativen Gefühlen des Menschen. Unsere heutigen Medien sind überfüllt von ängstlichen Themen, Verbrechen und Kriminalstücken. Sie alle bedienen das Gefühl der Angst. Die Angst wird genährt. Der Zustand der Angst muss erhalten bleiben. Wir alle setzen uns völlig unbewusst diesen Themen aus. Das von Angst getriebene Individuum, das sich in ein Angstkollektiv verwandelt. Das von Angst dominierte Handeln wird kaschiert in dem es als Wirtschafts und Existenz notwendig, gefordert wird.

Die Gefühle bzw. Emotionen haben eine Eigenschaft, die uns im naturwissenschaftlichen Bereich und im Alltag selten begegnet. Das erschwert auch die Erkenntnis hinsichtlich dieser Gefühle und Emotionen. Die charakterlich geprägten und stabilen Gefühle und Emotionen verbinden sich untereinander, mit den Gedanken, dem Körper, den kurzfristigen Gefühlen und Emotionen der Umgebung sowie der Situation. Eine Gemengelage durch das das Bewusstsein, vor allen Dingen das unruhige Bewusstsein und das durch die Schatten der negativen Gefühle beeinflusste, kaum hindurch sehen kann. Vor allem es gibt wichtigere Dinge zu tun. Die Existenzsicherung, die Arbeit und den Erfolg. Und somit übernimmt unbewusst der Schatten der negativen Gefühle das Kommando über unser Handeln. Wir können keine Lichtung in den Wald des Bewusstseins schlagen (Heidegger), wir fühlen uns wie eine Straßenkreuzung auf der etwas passiert, wir wissen aber nicht warum (Levi Strauss) oder wir haben ein Ziel, wissen aber nicht warum oder reden es uns schön. Fahren Sie mich irgendwohin, ich werde überall gebraucht. Die Gier und die Angst bestimmt unser Handeln. Die Horde setzt sich in Bewegung, das Individuum wird mitgerissen. Das Unwichtige wird zu dem vermeintlich Wichtigen erklärt. Das Gegacker der Interessen weist den Weg. Das Unglücklich sein verbreitet sich und wir wähnen uns vermeintlich glücklich. Die Gesichter und die Körperhaltung weisen in eine andere Richtung. Glückliche Menschen sehen anders aus. Starre, Abwesende, melancholische, deprimierte und ängstliche Minen und Körperhaltung begegnen uns. Aufgesetzte positive und optimistische Ausstrahlung kaschiert häufig die im Hintergrund webenden negative Gefühle und ihre Prägungen.

Die Gemengelage der Gefühle und Emotionen ist bei den vielfältigen Beziehungen äußerst mühsam. Betrachtet man die Beziehung der reinen Gefühle untereinander oder auch zu den gemischten Gefühlen? Betrachtet man die Gedanken, den Geist und sein Einfluss auf die Gefühle oder umgekehrt. Ein zentraler Satz findet sich bei (Wotruba, existenziall psychologischen

meditative Therapie, Petzold, Wege zum Menschen Bd. 1, Seite 527):

„Die von den Geistern oder dem Geist in Besitz genommene Seele." In diesem Zusammenhang ist gemeint, die Gedanken ergreifen Besitz von den Gefühlen. Das kann aber auch umgekehrt der Fall sein. Die Gefühle können die Gedanken in Besitz nehmen. Weiterhin kann der Körper Besitz von den Gefühlen und Gedanken nehmen. Über die Botenstoffe kann das geschehen. Diese Besitzergreifung ist kurzfristig aber auch als langfristiger Prozess, in Form von charakterlich prägenden Gefühlen (State-Gefühlen) möglich. Vertiefter Ausführungen erfolgen an anderer Stelle.

Im Weiteren wird die Angst als zentral bestimmendes Gefühl und seine Beziehungen betrachtet. Die Angst als langfristig geprägte Persönlichkeitseigenschaft wird unabhängig von ihrer Entstehung in Hinblick auf andere Gefühle betrachtet. Die Angst kann sich mit anderen reinen Gefühle verbinden und Ketten in Hinblick auf die gemischten Gefühle bilden. Die Angst kann sich mit Hass, Trauer, Schmerz aber ebenso mit Liebe verbinden. Zum Beispiel gibt es Menschen, die aus Angst einen anderen Menschen lieben. Angst ihn zu verlieren usw.. Viele Menschen arbeiten oder passen sich aus Angst, insbesondere Existenzangst an. Hier besteht schon eine unmittelbare Verbindung zu den gemischten Gefühlen Zwang, Aggressionen und Gier.mit Angst können folgende Geistesformationen in Verbindung gebracht werden. Wotruba, Seite 565(Nyanatiloka):

1. Gier
2. Fehlansicht
3. Verblendung
4. Hass
5. Zweifelsucht
6. Dunkel
7. Unruhre
8. Starrheit
9. Gewissensbisse
10. Mattheit
11. Schamlosigkeit
12. Gewissenlosigkeit
13. Neid
14. Geiz

Liebe

Der emotionale Charakter der Liebe bedeutet für viele Menschen Zuwendung, Zuneigung, sich wohl fühlen. Bei dem Verlust des

Geliebten, Trauer empfinden. Gleichklang empfinden aber es kann und da wird es kompliziert, auch das Lieben gemeinsamer Dissonanz gemeint sein oder die masochistische oder sadistische Liebe. Im Extremfall die Nekrophelie, die Liebe zum Tod bzw. die Totenliebe. Auf der anderen Seite, die Liebe zum Kind.

Diese reinen Ausprägungen der emotionalen Liebe können in die zweite Form der körperlichen bzw. sexuellen Liebe übergehen.

Die dritte Form der Liebe ist die platonische oder geistige Liebe. Hier verknüpft sich die emotionale Liebe mit den Gedanken. Interessen, Denkweisen, Anschauungen, gemeinsame Handlungen und Werten der Menschen. Sie lieben die gleichen Gedanken und Handlungen. Golf, Fußball, Autos, Kinder, Luxus, emphatisches Verhalten, die Liebe zur Philosophie, Physik, Medizin usw. verbinden die Menschen.

Um sich mit dem Begriff der Liebe auseinander zusetzen, sei Platons Symposium empfohlen. Symposium ins Deutsche übersetzt heißt: Das Gastmahl. Im Gastmahl erzählt Sokrates sehr kurzweilig von der Liebe und deren Formen. Die Ausführung sei nicht von ihm sondern er hätte es von einer weisen Frau namens Diotima gehört. Die Liebe ist eine Art Göttin im Pantheon der alten Griechen.

Weitere Vertiefung zu dem Thema in Erich Fromm, Kunst des Liebens, und Menschliche Destruktivität.

Der erste Absatz unter Formen der Liebe bezeichnet die reine Form der Liebe. Die emotionale Liebe verbindet sich nicht mit dem Körper oder den Gedanken.

Die sexuelle Liebe wird auch als körperliche Liebe bezeichnet.

Die Liebe als Emotion verbindet sich mit den Körper. Das wird als gemischtes Gefühl bezeichnet.

Die platonische oder geistige Liebe verbindet Gedanken mit der emotionalen Liebe. Es handelt sich also um ein gemischtes Gefühl. Vertiefung hinsichtlich der Klassifikationen in einem der nächsten Beiträge.

Gefühle, Emotionen und Seele

Das Wissenschaftsgebiet, das hier erörtert wird, ist die Psychologie. Die Psyche ist der Gegenstand der Betrachtung. Die beiden diesseitigen Teile der Psyche sind die Gefühle und Emotionen. Das Wort Gefühle wird im alltäglichen Sprachgebrauch als deutsche Übersetzung des lateinischen Wortes Emotionen gebraucht.

Gefühle und Emotionen betrachten den gleichen Gegenstand, sind aber grundsätzlich unterschiedlicher Natur. Kommt die Seele in Bewegung, so sind seine Erscheinungen, wie Angst, Freude, Trauer, Liebe, Hass usw., Bewegungsäußerungen der Psyche. Emotionen sind also aus der Ruhe heraustretend und den Körper und die Gedanken in der Regel beeinflussend.

Gefühle haben nachspürenden Charakter, wie das Wort beinhaltet, fühlenden Charakter. Der Mensch fühlt sich freudig, ängstlich, traurig oder Schmerz erfüllt usw.. Häufig bemerkt der Mensch diese Gefühle gar nicht, sie sind also unbewusst. Erst wenn sie eine gewisse Stärke übersteigen, treten sie in das Bewusstsein ein. Körperlicher Schmerz wird ab einer bestimmten Stärke von vielen Menschen eher bemerkt als Freude, Angst oder Trauer usw.. Häufig werden die Gefühle von anderen eher wahrgenommen als vom Menschen selbst. Die Emotionen überlagern unbemerkt die Gedanken und körperlichen Abläufen.

Erst im Zustand der seelischen Ruhe werden schwächere Gefühle bemerkt. Dauerhaft emotional, dynamische Menschen können kaum ihre Emotionen erfühlen. Aufgrund der starken und häufig vielfältig vermischten Emotionen ist es Ihnen nicht möglich diese zu erkennen.

Um begriffliche Klarheit zu schaffen, seien die griechischen, lateinischen und deutschen Begriffe genannt. Gefühl heißt im griechischen Thymus. Der Alogothymiker hat keinen Zugang zu den Begriffen des Gefühls. Er kann seine Gefühle also Angst, Mut, Hass usw. nicht bezeichnen.

A gleich nicht,

Logo gleich das Wort

und Thymus gleich Gefühl.

Der Mensch hat keine Wörter für seine Gefühlszustände.

Im griechischen wird für das lateinische Wort Emotion, Pathos benutzt, ins Deutsche übersetzt bedeutet es Leidenschaft.

Vor ca. 3350 Jahren entstand die Idee eines ägyptischen Pharaos mit dem Namen Echnaton, es gebe nur einen Gott. Der Sonnengott, des Sonnenuntergangs Amon Re sollte durch Aton, den Gott des Sonnenaufgangs ersetzt werden. Die Vielgötterei sollte damit ein Ende finden. Ob Aton als Sonnengott anzusehen ist oder als Lebensenergie in Form der Seele, ist strittig. Zu diesem Zeitpunkt möglicherweise aber weit davor entstand bei den

Ägyptern die Idee des Lebens nach dem Tod. Spätestens um 1350 vor Christi unterschieden die Ägypter drei Formen der Seele: Ach, ka und ba.

Ach bedeutet die Leuchtkraft der Seele (Geist, Gedanken) .

Ka ist die Lebensenergie(Psyche, Seele, die den Körper belebt und die in das Jenseits zurückgekehrt)

und ba, das sind die Erscheinungen der Emotionen also Angst, Trauer, Freude, Schmerz usw.

(Vgl. Tutanchamon, S. 233, 2000, Herausgeber, Valeria Manferto De Fabianis,Laura Accomazzo, Kai Müller Verlag, Köln, Deutschland)

Entweicht mit dem Tod des Körpers der jenseitige Teil der Seele, der das Organische belebt, ausmacht und definiert, sowie sich vom Anorganischen zentral unterscheidet, so existiert die Seele, wie auch immer, weiter. Ist dieser Teil im Organismus nicht mehr vorhanden, so verbleibt nur noch dass Anorganische. Das Belebende oder Lebende, dass den Organismus ausmacht, existiert nicht mehr. Organ aus dem griechischen übersetzt heißt Werkzeug. Ein Organismus ist somit ein belebter Werkzeugkasten, bestehend aus den Werkzeugen wie Herz, Lunge, Leber, Haut, Magen, Füßen, Ohren, Augen, Nase, Mund usw.. Die Werkzeuge sind tote Materie, wenn der Körper nicht mehr belebt ist. Die Psyche (griechisch) ins Deutsche übersetzt heißt Seele. Es gibt zwei Zustände der derzeitigen Seele, den Zustand der Ruhe und den Zustand der Bewegung. Den Zustand der Bewegtheit nennen wir Emotionen. Der Geist (Gedanken) schwimmt auf den Emotionen und kann die Emotionen durch

Erkenntnis beeinflussen.

Die Entwicklung der Götterwelten zum Geist und zur Seele

Betrachten wir die Götterwelt der Germanen, so sind die obersten Götter Repräsentanten von Naturgewalten zum Beispiel Donar als Gott des Gewitters, des Blitzes und des Donners. Unser heutiges deutsches Wort Donner ist von Donar abgeleitet. In einer gewissen Weise sind die Götter in fast allen Religionssystem hierarchisch angeordnet zu mindestens was den obersten Gott angeht. Bei den Germanen ist es entweder Wotan oder Odin (Gott des Odem, des Atems oder Hauchs) der Donar übergeordnet ist.

Der oberste Gott der Griechen ist Zeus, hervorgegangen aus dem Chaos (der Ruhe) und Tantalos (der Unruhe), die seine Eltern Rhea und Kronos schufen. Ein Repräsentant der Naturgewalten ist Poseidon, der Gott des Meeres. Eine der höchsten Göttinnen ist Athene (Kopfgeburt des Zeus). Athene repräsentiert einen moralischen Wert, die Gerechtigkeit mit dem Symbol der Waage.

Besonders bevorzugte körperliche Eigenschaften, wie die der Schönheit wurden durch Aphrodite (weibliche Schönheit) und Apoll (männliche Schönheit) symbolisiert. Götter für die menschlichen Triebe sind Eros(Gott der körperlichen Liebe, des Lebens) und Thanatos (Gott des Todes). Diese benutzte der Begründer der Psychologie, Freud bezüglich seiner Triebtheorie. Freud unterschied zwei Triebe, den Lebenstrieb, den er auch als Eros bezeichnete und den Todestrieb, den er als Thanatos bezeichnete.

Der Lebens- bzw. Liebestrieb(Eros) und der Todestrieb (Thanatos) führen zu der Troika der indischen Götterwelt, Vischnu, Shiva und

Brahman. Vischnu (Eros) wird als Schöpfer des Lebens aufgefasst, der Gott, der das Leben entstehen lässt und Shiva (Thanatos) ist der Zerstörer, der Gott der das Leben vergehen lässt. Über Vischnu und Shiva steht Brahman, der den Geist repräsentiert. Es gibt in der indischen Götterwelt, den Gott Krischna, der Sohn bzw. die Inkarnation Vischnus. Krischna lehrt Ajuna in der Bhagavadgita die richtigen Handlungsweisen.

Die indische göttliche Troika und Krischna geleiten zu der göttlichen Dreifaltigkeit des Christentums. Gottvater als Schöpfer, der Heilige Geist und Jesus Christus. Christus im griechischen Christo (Chrischto ausgesprochen) ist als Wort und der Intonation sicherlich verwandt mit dem Wort Krischna und seiner Aussprache. Christus ist der fleischgewordene Sohn, die Inkarnation des Schöpfers, Gottvaters. Die Geschichte des Christentums ähnelt frappierend, der indischen. Christus der fleischgewordene Gottvater symbolisiert den Körper des Menschen. Der Heilige Geist repräsentiert den Geist bzw. das Bewusstsein des Menschen. Was symbolisiert Gottvater? Einige Jesuiten sind der Meinung, unter Gottvater ist die Seele des Menschen zu verstehen. Unter Zuhilfenahme der Logik könnte man zu dem Schluss kommen, dass der Mensch aus drei wesentlichen Teilen besteht, dem Körper, dem Geist (Bewusstsein) und der Seele. Anzumerken sei, dass der Geist häufig das Bewusstsein und die Seele die Emotionen und Gefühle umfasst. Hier wird im weiteren davon ausgegangen, dass der Geist das Bewusstsein ist und die Gedanken umfasst. Die seelischen Prozesse gekennzeichnet durch Gefühle sind davon getrennt. In der Vernunft nach Cusano können sich Gedanken und Gefühle zu einer geistigen Seele im Menschen zusammenfinden.

Vergleicht man das indische und das christliche Göttersystem, so werden zwei interessante Fragen aufgeworfen.

Welcher Zusammenhang könnte zwischen indischen und christlichen Göttern bestehen?

Gibt es Unterschiede in der Hierarchie der indischen und christlichen Götter?

Zu der Frage des Zusammenhangs: Vischnu als Schöpfer des Lebens könnte man mit Gottvater. gleichsetzen und Brahman als geistiger Gott der Inder mit dem Heiligen Geist. Der Zerstörer Shiva, der neutral das Vergehen des Lebens symbolisiert findet sich in der christlichen Welt als böser Teufel und als Gegenspieler Gottvaters (siehe dazu Zarathustra) wieder. Jesus Christus (Krischna) als Symbol für den Körper, der fleischgewordene Gottvater ist in der Dreifaltigkeit zum Gott erhoben. Die drei Götter de des Christentums symbolisieren die drei Teile des Menschen.

Gottvater, die Seele - Vischnu

Der Heilige Geist(das Bewusstsein), die Gedanken – Brahman

Jesus Christus der Körper - Krischna

Der Teufel als Gegenspieler Gottvaters ist negativiert – Shiva (neutral)

Zur zweiten Frage der Hierarchie der Götter.

Brahman, der heilige Geist (die geheiligten Gedanken) ist in der Trilogie der indischen Götterwelt der höchste Gott. In der christlichen Dreifaltigkeitstrilogie ist Gott Vater Repräsentant der Seele, Gefühle, Emotionen bzw. Psyche, der höchste Gott.

Bevor der Zusammenhang bzw. die gegenseitigen Beeinflussung von Gedanken (Geist) und Gefühlen (Emotionen) erläutert wird, seien kurz die Götter zwei anderer Religionen erwähnt.

Höchste Gott der Götterwelt der Römer war Jupiter, Gott der Sonne. Ein weiterer hoher Gott, Mars als Gott des Krieges spielte bei den Römern eine bedeutende Rolle. Um 500 vor Christi für die Verteidigung des bedrängten Roms, die von Norden von den Etruskern und von Süden von den Griechen in ihrer Existenz bedroht wurden. Im weiteren zum Aufbau einer imperialen Macht.

Nach fast 1000 Jahren verlor Mars, der Kriegsgott seinen Einfluss und wurde durch das Christentum abgelöst.

Der Buddhismus kennt keinen Gott nur den Propheten Buddha. Dennoch gibt es ein göttliches Ziel, die Erkenntnis und das Erreichen der heiteren Gelassenheit.

Welche Bedeutung dem islamischen Allah zuzumessen ist, ist mir nicht bekannt. Vielleicht hat er die Bedeutung der Vereinigung von Geist (Gedanken) und Seele (Gefühlen).

Die Gefühle in der Form von Intuition und Instinkt steuern das organische Leben bzw. das kollektive Verhalten der Gattungen. Expansion und Kontraktion der Gattungen sowie ihr Zusammenleben. Insbesondere wird das Verhältnis der Tiere inklusive Menschen untereinander durch Flucht und Aggression bestimmt. Ausdehnung, Rückgang sowie das Aussterben von Gattungen ist umweltabhängig. Pflanzen und Tiere inklusive der Menschen bilden das organische System, das durch die Gefühle gesteuert und vom Geist, den naturwissenschaftlichen Gesetzen der Umwelt bestimmt wird. Die anorganische und organische

Welt ist durch die naturwissenschaftlichen Gesetze des Geistes bestimmt. Die Gefühle sind den meisten heutigen Menschen nur zum Teil bekannt (unbewusst) somit auch ihre Ordnung und ihre Funktionen. Damit sind die psychischen Vorgänge einer naturwissenschaftlichen Betrachtung entzogen. Alles was dem menschlichen Bewusstsein nicht zugängig ist, wird von den Menschen, so zeigen die vergangenen Götter, als unerklärlich und damit göttlich angesehen. Wie die psychischen Vorgänge, so sind die Vorgänge des Bewusstseins (Geist) dem heutigen Menschen größtenteils verschlossen. Durch die naturwissenschaftlichen Gesetze ist im Sinne von Heidegger eine Lichtung zu schlagen, die aber nur einen kleinen Einblick in die Funktionsweise des Geistes und der Psyche gibt.

Der Geist regelt die Struktur und Zusammenhänge des Organischen und Anorganischen. Zusätzlich, dem Geist untergeordnet wird das Leben, das Organische durch psychische, emotionale bzw. gefühlsmäßige (seelische) Prozesse geregelt.

Aus den Ausführungen ergeben sich im Sinne Heideggers, „eine Lichtung in das Bewusstsein zu schlagen" folgende Aufgaben:

Welche Struktur und Funktionen hat der Geist hinsichtlich der Untersuchung der Phänomene des Bewusstseins?

Welche Struktur und Funktionen haben die Emotionen, Gefühle bzw. psychischen Prozesse?

Welchen Zusammenhang gibt es zwischen Geist (Gedanken) und Gefühlen.

Psychische Gesundheit und Psychopathologie

Was mich zu den Ausführungen bewegte ist, dass weder in der Philosophie noch in der Psychologie und ihren psychotherapeutischen Verfahren eine Systematisierung und Klassifizierung von Gefühlen so gut wie nicht vorhanden ist. Auffällig ist auch, dass die Psychologie als Erkenntnisgegenstand, die Gefühle definiert aber die Gefühlszustände und – abläufe nicht zum Gegenstand ihrer theoretischen Erkenntnis erklärt. Weder die Sprache der professionellen Psychologen noch die alltägliche Sprache benutzt häufig Gefühls bezogene Wörter. Die Menschen werden häufig als forsch, depressiv, manisch, zurückhaltend, sympathisch, unsympathisch usw. bezeichnet. Wörter wie liebevoll, traurig, schmerzlich, hasserfüllt, mutig, ängstlich werden dagegen seltener benutzt. Die gefühlsmäßigen Zustände werden eher tabuisiert und durch sachliche Ausführungen überspielt oder nicht zugelassen. Filme oder Musik werden benutzt, um sich die dargestellten Gefühle anzusehen, anzuhören oder sich auch von ihnen in andere Gefühlszustände zu bringen. Die zwischenmenschlichen Äußerungen hinsichtlich der Gefühle werden eher als Bedrohung oder als ein zu nahe tretend, aufgefasst. Sich beruhigen oder Gelassenheit zu erreichen, das scheint ein Gebot der Stunde zu sein. Viele Menschen gehen Entspannungstechniken wie Yoga, Meditation usw. nach, andere finden ihre Ruhe in den Religionen, wieder andere treiben Sport um ihr seelisches und geistiges Gleichgewicht wiederzufinden.

Die Psycho-Neuro-Immunologie hat mit empirischen Untersuchung festgestellt, dass geistige und emotionale Haltungen Transmitter in Form von Cortokoiden und Adrenalin freisetzen, die die Krebszellen, Allergien und Autoimmunkrankheiten beeinflussen. Die Vertreter der Psycho-Neuro-Immunologie haben empirisch festgestellt, dass der regelmäßige Kirchgang bzw. die regelmäßige Ausübung religiöser Praktiken, wie beten in allen Religionen zu einer Verlängerung des Lebens bis zu 23 % führen können.

Es gibt über 1000 Therapieverfahren und fünf große psychologische Strömungen, die Psychoanalyse, Verhaltenspsychologie, Humanistische Therapieverfahren, Transpersonale Psychologie und Biopsychologie. Die Biopsychologie verwendeten Medikamente, wie Neuroleptika, Antidepressiva (Stimmungsaufheller) und Tranquelizer (Beruhigungsmittel), die durch die körperliche Einwirkung die Botenstoffe verändern und auf die Gefühlslage einwirken. Die anderen vier Verfahren versuchen die emotionalen Zustände und Abläufe durch das Bewusstsein zu verändern. Zur Zeit werden über 90 % aller psychischen Erkrankungen mittels der Biopsychologie also durch Medikamentenverabreichung behandelt. Die Behandlung durch Medikamente ist aufgrund der Kostengünstigkeit und der Schnelligkeit das Mittel der Wahl. Mittels der Medikamente werden die funktionalen und sozialen erforderlichen Verhaltensweisen wiederhergestellt. Nachhaltig ist das Verfahren nicht! Die Ursachen der psychische Störung werden nicht beseitigt. Es erfolgt keine Heilung. Lediglich die Symptome, die zu einer sozial auffälligen oder geminderten Arbeitsfähigkeit führen, stellen sich nicht mehr ein. Der Mensch kann seiner Arbeit nachgehen und ist mehr oder weniger sozial unauffällig.

Die Bewusstseins orientierten psychotherapeutischen Verfahren sind kostenintensiv, häufig langwierig und lösen das Problem in vielen Fällen nicht.

Die im Vorwort angesprochene mangelnde gefühlsorientierte Sprache der professionellen Psychologen, Psychiater usw. möchte ich hinsichtlich ihrer psycholdiagnostischen Aussagen verdeutlichen. Es wird nicht definiert mit den Worten der Patient ist traurig, geplagt von Schmerzen, wütend, hasserfüllt, emotional verletzt usw. Somit kann auch nicht nach den Ursachen der gefühlsmäßigen Zustände geforscht werden.

Die psychodiagnostischen Bezeichnungen lauten: Schizoid, schizophren, depressiv, manisch, ADS, ADHS oder eine, die ich kürzlich hörte, schizoaffektive Hypomanie. Schizoaffektive bedeutet, dass der Mensch wütend oder aggressiv ist und zwar aus einem inneren Zustand heraus. Seine wütende oder aggressive Art wird nicht als angemessen bezüglich der Umweltsituation angesehen. Es ist nicht erkennbar für den Außenstehenden warum der Mensch in dieser Situation wütend oder aggressiv ist. Wut und Aggression sind sozial verpönt und nur in Ausnahmefällen akzeptiert. Betrachten wir die Hypomanie so bedeutet Hypo ins Deutsche übersetzt unter, Manie oder manisch bedeutet, zu schnell, euphorisch, sehr unruhig, zu fröhlich. Auf meine Nachfrage bei dem Psychiater, wie er auf diese Diagnose kommt, erhielt ich die Antwort: Der diagnostizierte Mensch sei sehr sprunghaft in seinen Gedanken, bleibt nicht beim Thema und gibt Antworten die nicht zu den Fragen passen. Der Außenstehende hat den Eindruck, dass die Ausführungen des Menschen unzusammenhängend sind. Die Unruhe und Schnelligkeit bezieht sich nur auf die gedanklichen Prozesse. Äußerlich bzw. gefühlsmäßig ist der Mensch ruhig, nicht euphorisch und nicht zu fröhlich. Das Gegenteil ist der Fall. Der Mensch ist er traurig, ängstlich, die Freude ist ihm verboten. Die Folge davon ist Wut, Aggression und Zorn. Sozial nicht erlaubte Freude, sowie Trauer, Angst und Wut, dieses Gemisch erzeugt die sprunghaften Gedanken. Die Gedanken und ihre Aussagen werden durch dieses

Gefühlsgemisch gesteuert und führen ein Eigenleben, das den Menschen daran hindert, die Gedanken zu ordnen und bei einem Thema zu bleiben.

Der therapeutische Prozess kann nur gelingen, wenn in der Diagnose als auch in der Therapie mit Gefühlsbegriffen gearbeitet wird, die dem Klienten und dem Therapeuten bewusst werden, sowie Beziehungen der Gefühle untereinander analysiert und verdeutlicht werden. Für die medikamentöse Behandlung nutzen die Begriffe, schizoaffektiv und Hypomanie. Für den Bewusstwerdungs- und Heilungsprozess haben Sie nur geringe Bedeutung.

Bisher beschäftigten wir uns mit den psychischen Krankheiten, deren Diagnosen und Therapieverfahren.

Wie wird psychische Gesundheit in der Psychologie definiert? Die Analyse der Definition der psychischen Gesundheit verdeutlicht warum einer Sprache der Gefühle die Psychodiagnostik und die Psychotherapie zu einer Verbesserung ihrer therapeutischen Ergebnisse führen kann.

Eine häufig verwendete Definition der psychischen Gesundheit ist, die Kongruenz eines seelisch gesunden Menschen. Kongruenz bedeutet:

Verstehen der Umwelt und sich selbst

Handeln (In Beziehung setzen)

Bedeutung des individuellen Handelns

Anmerkung: Von Gefühlen und Emotionen ist hier nicht die Rede.

Verstehen der Umwelt und sich selbst

Der psychisch gesunde Mensch ist kongruent, wenn er in der Lage ist seine individuelle und soziale Umwelt zu verstehen und sich in Bezug auf diese Umwelt selbst versteht. Versteht er diese Umwelt nicht, weil er zum Beispiel, die Sprache nicht versteht oder die geforderten Handlung bzw. Anforderungen, so ist das laut dieses Definitionskriteriums, der erste Schritt zur psychischen Krankheit. Die meisten sozialen Prozesse geschehen durch einen unbewusst ablaufenden Gefühlsprozess.

Auf der Bewusstseinsebene werden sachliche Themen erörtert. Bevor dies geschieht, wird unbewusst eine gemeinsame Gefühlsbasis hergestellt. Dies geschieht in einer sehr komplexen Weise. Äußerliche Merkmale, wie die Kleidung, das Auto, die Wohn- oder Geschäftslage,die

Raumausstattung, die Atmosphäre, die von den Räumen ausgeht, die Vorerfahrungen, die Mimik, die Tonlage, die Gestik, die Körperhaltung, die Gesprächsführung und nicht zuletzt, die ausgestrahlten Gefühle bestimmen gemäß den Erwartungen und Werten, die unbewusst gefühlte Einstellung zu dem anderen. Das bewusste Verstehen hinsichtlich dieser vielfältigen Einflüsse erfordert eine hohe geistige Leistung und Erfahrung. Die meisten Menschen bleiben viele dieser Einflüsse verborgen. Es bilden sich Subsysteme mit gemeinsamen Werten und Symbolen, die sich massiv von anderen Subsystem abgrenzen. In unseren Gesellschaften sind klassische Subsysteme Arbeitgeber und Arbeitnehmer, aber auch Künstler und Intellektuelle, gewerbliche

Arbeiter und Angestellte sowie die Medienbeschäftigten, Akademiker und Nichtakademiker. Grüne, Sozialisten und Konservative sowie Liberale.

Die jeweiligen Gruppen sind geprägt von gemeinsamen Werten, Überzeugungen, Einstellungen und besonders durch gemeinsame Gefühle. Konservative sind geprägt von Bewahrung, Angst vor Veränderung und dem Fortsetzen des bisher erfolgreichen Weges. Die Sozialisten und Konservativen bilden hier eine Gemeinschaft, wobei die Soziallisten, aus der Not heraus oder der gefüllten Not heraus, die materielle Verbesserung als besonders wichtig ansehen. Die Grünen wollen eine Veränderung, die sich auf die Umwelt aber nicht auf eine psychologische Verbesserung richtet. Die Liberalen streben die Freiheit an, die sich auf ökonomische, individuelle und soziale Freiheit bezieht, nicht jedoch auf die psychische Freiheit.

Die psychische Freiheit streben die Existenzialisten an. Diese Spezies gab es in den sechziger und siebziger Jahren des 20. Jahrhunderts als kleine Gruppe, die damals einen größeren medialen Einfluss hatte. Die Existenzialisten, nach psychischer Freiheit strebend, kommen heute als gesellschaftliche Kraft aufgrund des systemischen Drucks nicht mehr vor. Die Globalisierung und der Kampf um die besten Plätze lässt eine Entwicklung der Psyche nicht mehr zu. Zur Entwicklung der Psyche und der Bewusstwerdung von Gefühlen und ihren Wirkungen benötigen wir Zeit, viel Zeit! Diese Zeit ist aufgrund des Drucks der Globalisierung und der Ökonomisierung dieser Welt nicht mehr vorhanden. Somit haben wir Abschied genommen von der Entwicklung unserer Psyche und der psychischen Freiheit. Nur wenn die Funktion und die Arbeitsfähigkeit eingeschränkt sind, müssen wir uns Zeit nehmen. Wenn wir Medikamente nehmen benötigen wir weniger Zeit, um unsere Psyche gerecht zu werden. Unsere Psyche verstehen wir immer weniger!

Handeln (In Beziehung setzen)

Versteht der Mensch die Umwelt nicht, so ist es ihm nicht möglich eine sozial akzeptierte Handlung oder Beziehung durchzuführen. Verstehe ich die Gefühle meines Gegenübers nicht oder meine eigenen Gefühle, so kann ich nur begrenzt oder gar keine Handlungen durchführen bzw. mich nicht in Beziehung setzen zu meiner Umwelt. Traurige Gefühle (Depression), wütende Gefühle (Aggression) oder starke Unruhe (ADS) behindern mich um sozial akzeptierte Handlungen durchzuführen. Gemeinsame unbewusste Gefühlsbasen der Subsysteme lassen die Menschen in dem jeweiligen Regelwerk handlungsfähig bleiben. Das gilt so lange, bis das Regelwerk des Subsystems nicht entscheidend verletzt wird.

Bedeutung des individuellen Handelns

Verstehen der Umwelt und sich selbst und sich mit dieser Umwelt in Beziehungen setzen bzw. Handlungen vollziehen zu können kennzeichnet die Notwendigkeit um psychisch gesund zu sein, ist aber nicht hinreichend. Notwendig und hinreichend diese Begriffe kennen wir aus der Mathematik. Bedeutung finden wir in den Subsystemen und ihren Regelwerken. Anerkennung, nicht obdachlos werden, eine gute Position, eine Familie zu ernähren, uns fortzupflanzen, an einen Gott zu glauben, in einer Religionsgemeinschaft aufgehoben zu sein, Arbeit zu haben, eine Familie zu haben, das gibt uns alles Bedeutung hinsichtlich unserer Handlungen. Die Logotherapie aber auch die Existenzialtherapie bieten hier Hilfestellungen.

Wer also seine Umwelt nicht versteht oder keine Handlungen in der Umwelt vornehmen kann die zusätzlich für ihn von Bedeutung sind, ist psychisch nicht gesund. Wer sich selbst und seine Umwelt versteht, in seiner Umwelt handeln kann und diesem Handeln Bedeutung zumisst, ist psychisch gesund.

Die Definition der Kongruenz bezüglich des Verstehens, Handelns und seiner Bedeutung ist sicherlich eine kluge Definition. Der Hintergrund dieser Definition ist ein in einem sozialen Regelwerk funktionierender, arbeitender und hinsichtlich des Regelwerks des Subsystems angepasster Mensch. Aussagen über die Gefühle oder die Emotionen sind hier so gut wie nicht enthalten

Eine Arbeitsdefinition, die die Sprache der Gefühle nutzt wäre:

Ein psychisch gesunder Mensch kann alle reinen Gefühle bei sich selbst und anderen erkennen und ausdrücken.

Positive   -   negative

Liebe   -   Hass

Freude   -   Trauer

Mut   -   Angst

Wohl sein,
schmerzlos? - Schmerz   ? Gibt es andere Begriffe?

Gelassenheit? - Wut   -   ? Gibt es andere Begriffe?

Lust ?   -   Leid ?

Youtube Video: Emotionen kontrollieren,Hubertus Ihn

Bücher - und E-Bookliste, Hubertus Ihn, unter Amazon, Kindle zu finden

Sammelband Gefühle

Weitere E-Books:

Trauer Bd. 1

Angst

Wut

Freude

Theorie der Emotionen,

Theorie der Kognitionen,

Theorie des Bewusstseins

www.ingramcontent.com/pod-product-compliance
Lightning Source LLC
Chambersburg PA
CBHW070503290526
45790CB00003B/1078